AF599430

Cazarán todavía esta noche

Este libro ha sido impreso con papel procedente de fuentes sostenibles.

https://lasturaediciones.com
info@lastura.es

Colección Apuntador N.º 14
Dirige la colección: Miguel Ángel Mañas

Editado en Madrid, España

Primera edición: mayo, 2024

D.L.: M-12066-2024
ISBN: 978-84-128660-7-0

Impreso en Antequera, Málaga
Printed in Spain

Ale Coello

CAZARÁN TODAVÍA ESTA NOCHE

Estoy encendida, sí; encendida de mediodía exacto, de tarde cumplida. Y mi fe en mi luz es mi única lumbre.
Aprended todos de mí a llevar muy en pie la llama.

Mientras los hombres mueren
Carmen Conde

Estoy escribiendo porque me han dicho que nunca empiece una frase con porque. Pero no intentaba formar frases: intentaba liberarme. Porque la libertad, me han dicho, no es más que la distancia entre el cazador y su presa.

En la Tierra somos fugazmente grandiosos
Ocean Vuong

PERSONAJES

Ale

Rodrigo/Juan, interpretados por la misma persona

José

Yo

ALE: Todo empieza cuando se va la luz.

JUAN: ¿Se ha ido la luz?

ALE: Sí, vente pronto a casa, que sabes que no me gusta estar a oscuras.

JUAN: ¿Y esos ruidos?

ALE: Que no, que no pasa nada.

JUAN: ¿Seguro?

ALE: Vuelve más tarde. Sí, cuando quieras.

JUAN: Los oigo venir a lo lejos como caballos desbocados. Los oigo como si estuviesen ya aquí.

ALE: ¿Aquí? ¿En el armario?

JUAN: Los imagino luchando contra el fango. Sus manos frías de hielo y muerte. Sus ojos de noche inhumana. Sus rodillas cansadas de tanto arrastrarse por el suelo. Sus caras agrietadas de mierda y de miedo. Los imagino ya aquí.

ALE: ¿Aquí? ¿Seguro? No las veo.

JUAN: Sí, justo aquí, a mis pies, como mordiéndome las uñas poco a poco. Como polillas triturando mi fémur. Como termitas de pena arrancándome los intestinos.

ALE: Ah, la cabeza. Sí, me di. Es que no veo nada. ¿Estás seguro de que hay velas en la cocina?

JUAN: Sí, ahí están ya. Los siento tan cerca, los puedo ver.

ALE: Entre tanta oscuridad es como buscar la nada en el infinito.

JUAN: Los oigo como caballos desbocados, hambrientos de agua. Los puedo ver con la lengua larga y maldita. La misma lengua que creó esta guerra. Y sus manos se van transformando en largos fusiles. Y sus ojos se vuelven miras telescópicas buscando la sangre del pueblo, buscando el rojo de la sangre que tanto les gusta. Sus ojos me están mirando. Los noto tan cerca ya, como si me estuvieran apuntando en la nuca. Y yo no quiero esta guerra. No quiero el gritar del fusil, el llorar de la bomba, el morir de los hombres, el temer de los niños tristes que han nacido bajo tanta sangre roja.

ALE: Ni velas, ni linternas, ni fósforos, ni nada. No encuentro nada.

JUAN: No encuentro nada útil en esta trinchera honda, fría, triste. Yo solo quiero que acabe esta guerra, aunque sea ahora mismo con mi corazón atravesado por sus balas. La tranquilidad de este silencio eriza la piel y paraliza hasta que de repente se encienda la primera luz.

ALE: La encontré. Ya veo algo. Un poco, sí. Anda, no tardes mucho que está lloviendo fuerte. Sí, claro, ya tú sabes que no me gusta.

JUAN: Porque a nadie le gusta que la oscuridad sea tan mansa, porque sabemos que en cualquier momento nos morderá una culebra. O nos asustará el vibrar de un camión. O nos acosará el pensamiento. Y se nos abalanza encima toda esta oscuridad tan negra, tan humana. Porque la oscuridad es un diálogo con nosotros mismos. Y nos acostumbramos y vamos perdiendo ese miedo a la oscuridad en la guerra, y yo ya no quiero guerra. Mamá, esta noche será la última en la trinchera, porque quiero volver a temerle a la oscuridad, a la soledad, a la cama vacía. Mamá, mi última noche ante esos ojos negros que me miran tan de cerca. Aquí, los noto ya aquí, a mis pies, como si pudieran morderme, como si me fueran a matar tan de golpe, de sorpresa, sin quererlo, con amor.

Un disparo.

ALE: Oscuro. De nuevo.

YO: La negrura es como una hoja en blanco, como esta hoja en blanco sobre la que escribo. Y escribir es adentrarse en la negrura, en la raíz de lo oscuro. Por eso elegí esta historia donde todo es ficción. Sí, ficción, pero nada es mentira. Mi novio dice que lee porque prefiere la ficción a la realidad, que en la ficción se encierra algo más profundo que la propia vida. Por eso escribo esta historia que me obsesiona desde hace tiempo, por encontrar una memoria posible en los vacíos y los silencios. Por eso se ha vuelto oscura en mi cabeza y quiero encontrar...

ALE: ...la puta luz, joder.

RODRIGO: Ya he vuelto.

ALE: Ay, Rodri, ¿estás ahí? Diría que te veo, pero lo cierto es que no.

RODRIGO: Anda, déjame mirar la palanca.

ALE: Esta casa es muy vieja. Tengo miedo, ¿sabes? Parecía como que se venía abajo, como que se agrietaba hacia la tierra.

RODRIGO: Anda, ¡qué tonterías dices! Tiene sus años. Más de un siglo, creo.

ALE: Hasta poco me parece.

RODRIGO: La luz la pusieron en los setenta. Mi abuelo, que era un manitas. También puso la de la iglesia con catorce años, que ya es decir. La casa está como un roble. Podríamos vivir aquí para siempre.

ALE: ¿Aquí?

RODRIGO: Sí, ¿no estás harta del ruido, de la contaminación, de la prisa, del metro? Siempre has odiado todo eso. ¿Ha vuelto la luz?

ALE: Sí.

RODRIGO: Además, ya las ciudades no son lo que eran. Hay menos gente en las calles, todos como apenados.

ALE: Parpadea.

RODRIGO: Parece que estamos en guerra, que el mundo se acaba. Todo el mundo está huyendo a sus pueblos, Ale: ¿por qué no quieres quedarte?

ALE: Porque estoy obligada a estar aquí. No es lo mismo.

RODRIGO. ¿Por qué no?

ALE: No es justo, ¿sabes? Tú sí puedes ir al ruido, a la contaminación, a coger el metro, a pasear por las avenidas, a los teatros. Yo no puedo, Rodri. Yo no puedo bajar ni al pueblo a por pan.

RODRIGO: Pero podrás.

ALE: ¿Cuándo?

RODRIGO: Algún día. Ya lo verás que todo va a volver a ser como antes.

ALE: Ya nada se parecerá a lo de antes. Ni siquiera la oscuridad. Me daba miedo la negrura que se me clavaba como cuchillos. La oscuridad tampoco volverá a ser como antes. Ni en los cuartos oscuros, ni en los cines, ni en las noches. La oscuridad...

RODRIGO: Otra vez. Espera, que cojo las velas.

ALE: Da igual. Creo que después de cuatro horas estoy cómoda en esta sombra tan ajena. ¿Crees que volveremos alguna vez a lo de antes?

RODRIGO: Aguanta.

ALE: ¿Lo crees de verdad o cuando me lo dices es para consolarme? Yo creo que me mientes, que, cuando vas a la ciudad, ves las caras apenadas, los cuerpos mutilados en el suelo, y no me lo dices. Porque yo te lo noto, Rodri, que tus ojos, que son los únicos que me permiten ver el exterior, me mienten. Siempre que vuelves estás diferente, como un poco más mustio. Hasta el guayabero está perdiendo color. Se da cuenta de lo que pasa, de lo que te está pesando ese mundo que ya no es el nuestro.

RODRIGO: No me digas eso. ¿Raspaste las malas hierbas?

ALE: Sí, como me dijiste. Pero lo veo también triste, como tú. Tiene un verde más pálido, ¿no se lo notas?

RODRIGO: No. Lo veo igual.

ALE: Yo lo veo como preocupado, como nosotros que estamos intentando saber dónde están nuestras amigas. Veo al guayabero con una nostalgia enorme de volver a enraizar en su tierra, entre los amores secos. Quiere esa compañía, Rodri. Como tú, como yo.

RODRIGO: Los amores secos se lo comen todo. Acabarán por beberse su agua, verás.

ALE: Pero él quiere estar ahí. Yo lo siento. Por eso está menos verde, como sin esperanza. Como cuando tú vienes de trabajar todos los jueves. ¿Por qué no te dejan quedarte aquí todos los días? El papeleo te lo puedes llevar y traer. Además, tú no quieres ir.

RODRIGO: Ahora no estamos para protestar.

ALE: ¿Por eso estás triste? Yo te lo noto nada más entrar, hasta la voz te la noto más débil. Estás más denso, como las madres del vino.

RODRIGO: Déjalo, Ale.

ALE: Deberíamos dejar que los amores secos invadieran el tronco.

RODRIGO: No.

ALE: ¿Por qué no?

RODRIGO: Porque he dicho que no. Ese guayabero es lo único que me queda de mi abuelo.

ALE: Se está poniendo triste, pálido, ajeno como tú. Oscuro.

RODRIGO: Pues tenemos que cuidarlo. Es lo único que me queda, lo único que ha sobrevivido a este mundo.

ALE: ¿Y yo? ¿No he sobrevivido para ti?

RODRIGO: Eso es diferente.

ALE: ¿Por qué?

RODRIGO: Porque el guayabero no se queja de estar solo y tú…

ALE: ¿Y yo qué? Te molesta que me queje.

RODRIGO: No, que solo veas el lado malo.

ALE: ¿Te parece poco todo lo que vivimos?

RODRIGO: No es para tanto.

ALE: Para ti, que has sabido colocarte en el bando ganador.

RODRIGO: Solo cumplo con mi trabajo de funcionario.

ALE: De perro del sistema. Participas, aunque estés en una oficina. Eres una pieza del puzle que me excluye.

RODRIGO: Podías haberlo evitado.

ALE: ¿Cómo?

RODRIGO: Asumiendo tu lugar en este mundo.

ALE: Rodrigo, ¿has olvidado lo que ha pasado?

RODRIGO: No, lo sé perfectamente.

ALE: Pues no lo parece. No se trata de mí, de nosotros, de casos individuales.

RODRIGO: ¿De quién entonces?

ALE: De todas las personas, de la libertad.

RODRIGO: ¿Libertad para qué? ¿Para consumir luz y agua cuando quieras?

ALE: Eso dijeron ellos al principio, y nos amenazaron con el apagón, y luego vinieron los cortes de agua, y empezaron a controlar internet, a contabilizar las compras.

RODRIGO: ¿Y qué querías? ¿Consumir para siempre como habíamos hecho?

ALE: Una transición menos dictatorial, sin toques de queda.

RODRIGO: Querías una utopía, y eso no existe.

ALE: No existen porque tú…

RODRIGO: Ahora sí hablamos de nosotros, de casos concretos, ¿no?

ALE: No, de la gente como tú, que se calló, que nos mandó a callar a los demás, que se fue hundiendo como una lombriz en la tierra. Ustedes dejaron entrar a toda esa gente que nos vendió un sistema colaborativo, donde compartíamos todo. Hoy tú no tienes luz, pero el vecino sí. Úsala con cabeza. Y poco a poco se fueron tragando el estercolero de las libertades, la limitación de hijos por pareja, la defensa de una familia tradicional, una familia sin excesos. Y nosotras somos ese exceso, esa culpa, ese pecado.

RODRIGO: ¿Ustedes? ¿Quiénes?

YO: Ale es un personaje atrevido, pero tiene miedo. La casa, el guayabero, elle… se han ido hundiendo hacia el centro mismo de la tierra. Todo se lo ha ido tragando el pánico y no lo quiere decir. No, no lo quiere recordar.

ALE: Pues…

YO: No quiere saborear el hedor a sangre putrefacta, oler las risas de aquella gente, sentir de nuevo aquel miedo.

ALE: Pues Micaela colgada del ayuntamiento.

RODRIGO: Eso fue un error.

ALE: No, ese fue el principio.

RODRIGO: Y tú huiste.

ALE: Porque sabían dónde estaba, porque ya me habían amenazado, porque/

RODRIGO: Porque tienes miedo, porque nunca has sido tan/

ALE: ¿Tan qué?

RODRIGO: …

ALE: Dilo.

RODRIGO: Eres un impos… tora.

ALE: Tú también te agrietas hacia la tierra.

RODRIGO: ¿Qué?

ALE: Como esta casa vieja, como el guayabero triste, como la humanidad. Te está tragando el abismo de la tierra.

YO: Y, por eso, escribo esta historia: por miedo.

ALE: Yo no tengo miedo.

YO: Sí, Ale, tú también lo tienes.

ALE: No, yo solo tengo que estar aquí y esperar a que todo esto pase.

YO: ¿A que todo esto te sobrepase?

ALE: Rodrigo dice que vaya caminando hasta el guayabero cuando tenga ansiedad.

YO: Pues vete.

ALE: No, porque, cuando tengo miedo, debo quedarme encerrada en el cuarto. Él dice que, cuando tenemos miedo, no pensamos bien.

YO: ¡Enciérrate!

ALE: No puedo. Encerrarme me volverá loca.

YO: ¡Huye!

ALE: Debo esperar a Rodrigo.

YO: Él no va a volver.

ALE: Sí, sí, no me dejaría.

YO: Anoche no vino.

ALE: Será hoy.

YO: Hoy tampoco.

ALE: Mañana.

YO: ¿Y si no viene?

ALE: ¡Volverá mañana!

YO: Ale, yo escribo cuando tengo miedo. Yo te escribo cuando tengo miedo. Yo te estoy escribiendo ahora mismo, sentada entre el público, porque tengo mucho miedo.

ALE: ¿Y qué escribes?

YO: Escribo tu pánico, tu desesperación, cómo poco a poco ir al guayabero se vuelve fatigante/

ALE: He ido tres veces hoy, Rodri. Estoy reventada.

YO: Cómo te encierras en el cuarto. Debajo de las sábanas como si fuera un búnker y piensas en Micaela cuando te prometió que quizá el futuro fuese vuestro.

ALE: ¿Escribes cómo la colgaron del ayuntamiento?

YO: No, Ale, a la gente no le importa que cuelguen a tu amiga trans del ayuntamiento.

ALE: La torturaron, la violaron, la desnudaron y le escribieron maricón en la pelvis.

YO: Y luego la colgaron del ayuntamiento para que la vieras y salieras corriendo a tu cuarto, a las sábanas, al búnker, al monte.

ALE: Yo no hui.

YO: No, Ale, yo te hice huir porque tengo miedo, porque siento ese mismo miedo. Y ahora estás aquí, y te has cansado de la cama, de las películas y los libros que te trae Rodrigo y de salir a dar paseos y de correr, de desbrozar malas hierbas, de escuchar el silencio de esta cumbre y poco a poco vas inspeccionándolo todo.

ALE: ¿Todo?

YO: Sí, todo.

ALE: ¿Pero así?

YO: No, con más ansiedad, con más necesidad de encontrar algo secreto.

ALE: ¿Así te gusta?

YO: Un poco menos. No debes olvidar, Ale, que Rodrigo vuelve cuando le dejan y puede estar a punto de entrar.

ALE: Entiendo. ¿Así?

YO: Sí, así. Hasta que te atreves a entrar en el cuarto del abuelo, a la habitación prohibida, al árbol de la ciencia.

ALE: ¡No puedo!

YO: Pero quieres, Ale, quieres buscar una motivación durante tu encierro infinito.

ALE: Rodrigo se enfadará.

YO: Cuando lo sepa será tarde.

ALE: ¿No puedes escribir otra escena?

YO: ¡No! Entra en esa habitación.

ALE: No puedo. Se lo prometí.

YO: ¡Venga, que no tenemos todo el día!

ALE: Mejor escribe otra escena, vamos al guayabero y esta gente lo saca desde los hombros y queda muy espectacular en escena. Deberías sacar el guayabero.

YO: ¡No! Entra en esa habitación.

ALE: …

YO: ¡Ahora mismo!

ALE: ¿Y qué busco?

YO: Vete al arcón.

ALE: ¿Directamente?

YO: Sí, hazme caso.

ALE: ¿Lo abro?

YO: Sí. Pero no tan rápido. Tienes que hacer como que no sabes qué hay dentro.

ALE: Hay cartas, muchas cartas.

YO: Coge una, Ale.

ALE: ¿Cuál?

YO: Da igual porque escribiré lo que quiera.

ALE: ¿La leo?

YO: La lees y te impacta como si cayesen mil pinos sobre esta casa. La lees con miedo. En el sobre, a mano, en letra casi ilegible, está escrito:

ALE: La última carta de Juan.

YO: Juan le da las gracias por lo que ha hecho por él.

ALE: Es una carta de amor. Tú lo sabías, ¿verdad? Querías que entrara para descubrir que el abuelo Juan era…

YO: …una persona enamorada, como tú, Ale. Y la guerra lo separó todo, como los volcanes cuando parten la tierra.

ALE: Querido mío:

JOSÉ: Sal de detrás del guagarzo. Tengo una escopeta, así que sal despacio.

JUAN: …

JOSÉ: ¿Juan?

JUAN: Aún me reconoces.

JOSÉ: Ya no tanto. No eres el mismo de antes, aunque te sigue temblando el pie.

JUAN: ¿Por qué me dices eso?

JOSÉ: Da igual. ¿Qué querías?

JUAN: Verte.

JOSÉ: Vuelve al pueblo.

JUAN: No quiero. ¿La tienes cargada? Venga, dispárame.

JOSÉ: Vete.

JUAN: Lo siento.

JOSÉ: Déjalo. Aquello no estaba bien.

JUAN: ¿El qué?

JOSÉ: Lo nuestro, entre estos pinares.

JUAN: ¿Cómo te atreves?

JOSÉ: Es mejor así. Las cosas están feas, Juan. Ten cuidado.

JUAN: Aquí no viene nadie.

JOSÉ: Ahora sí.

JUAN: ¿Quién?

JOSÉ: Ellos.

JUAN: ¿Y qué hacen?

JOSÉ: Lo que hagan no es cosa mía.

JUAN: Dímelo, José. ¿Son ellos quienes están detrás de los que desaparecen?

JOSÉ: No te entrometas.

JUAN: ¿Son ellos?

JOSÉ: ¡Vuelve a la ciudad!

JUAN: Allí está todo igual, José. A la gente le paraliza el miedo, pero podemos cambiar todo esto aún.

JOSÉ: Tú ya elegiste, así que déjame elegir estar aquí solo.

JUAN: ¿Nos matarías?

JOSÉ: ¿A quiénes?

JUAN: A los que pensamos diferentes: a los comunistas, a las feministas, a los maricones.

JOSÉ: Vuelve pronto o serás tú el próximo.

JUAN: ¿Ya no me quieres?

JOSÉ: …

JUAN: ¡Dime! ¿Ya no me quieres?

JOSÉ: Como el primer día.

JUAN: ¿Tú les dejarías subirme hasta la cumbre para que luego me lanzaran al barranco?

JOSÉ: No.

JUAN: ¿Y por qué lo permites?

JOSÉ: Porque me perdonaron. Me dejaron tranquilo. A veces hay que saber cuándo somos cazadores y cuándo somos perdices.

JUAN: Pero a ti siempre te han respetado.

JOSÉ: Me dejaron tranquilo porque les doy de comer con lo que cazo aquí y porque no bajo al pueblo.

JUAN: ¿Y qué ha cambiado?

JOSÉ: Que ahora temen que las cosas cambien y nosotros podamos ser libres.

JUAN: Vente conmigo a la ciudad.

JOSÉ: Allí está todo igual, Juan. Necesito este aire.

JUAN: No te dejarán respirar a pesar de que vivas en mitad del monte.

JOSÉ: Necesito cuidar de nuestro guayabero. ¡Es lo único que hicimos juntos!

JUAN: Déjalo.

JOSÉ: ¡Nunca!

JUAN: ¿Y si las cosas se ponen mucho peor?

JOSÉ: Tendremos que decidir bien cuál es nuestro bando.

JUAN: Yo quiero compartirlo contigo.

JOSÉ: Ya es tarde. Te fuiste, Juan. Tú ya has elegido un bando, y espero que sea el vencedor.

JUAN: Pero he vuelto por ti.

JOSÉ: Has vuelto porque es verano.

JUAN: Quería volver a verte.

JOSÉ: Tú solo vuelves los veranos porque crees que el pueblo es lo peor que te ha pasado y que todos aquí son unos ignorantes y unos pollabobas. Ustedes se han empeñado en que los pueblos son un pozo de odio y no siempre, y no todos son así.

JUAN: ¿Y por qué te has encerrado en la cumbre?

JOSÉ: Porque prefiero mi tranquilidad.

JUAN: Yo no podía, José. Me odiaban, me insultaban, me miraban de aquella manera siempre.

JOSÉ: Sí, pero yo te amé.

JUAN: Y eso no bastaba.

JOSÉ: Podías haber venido conmigo.

JUAN: No, no quiero vivir así. Ni aquí en mitad de la nada.

JOSÉ: ¿Y qué conseguiste ahora? ¿No te miran? ¿No susurran? Dime: ¿qué has encontrado en la ciudad?

JUAN: Nada, pero me siento más libre. Somos más.

Se escuchan disparos.

JOSÉ: ¡Ve con ellos! Corre y baja por la otra vereda antes de que suban aquí. Los del pueblo de al lado son de tu bando.

JUAN: ¿Y si no lo son? ¿Y si me suben hasta la cumbre y me echan a volar como una perdiz para cazarme?

JOSÉ: Escríbeme cuando estés a salvo. Escríbeme como si fueras mi prima Aurelia.

JUAN: Tengo miedo. ¿Crees que son ellos?

JOSÉ: Sí, estaban tramando un golpe.

JUAN: ¿Contra la República?

JOSÉ: Contra la vida, Juan.

JUAN: ¿Y tú?

JOSÉ: Yo me quedaré en mi monte.

JUAN: ¿Y si la guerra llega aquí?

JOSÉ: Estos pinares resistieron a la guerra desde la primera vez que subiste. Aquí podremos ser libres, Juan.

JUAN: ¿Escondidos?

JOSÉ: Amándonos de nuevo.

ALE: Toda tuya, tu prima Aurelia.

YO: Ahora quieres saber más, pero escuchas ruidos fuera. ¿Será Rodrigo?

ALE: No, no ha venido en varios días. No puede ser él.

YO: O sí, Ale, tú dijiste que vendría hoy.

ALE: ¡O mañana! ¡Tiene que venir mañana!

YO: Sales de la habitación rápido, pero cuando llegas a la puerta…

ALE: No, déjame.

YO: Si no, no hay drama, Ale, te necesito para que se crean la historia. Para que haya conflicto, para que esta obra siga.

ALE: ¡No quiero!

YO: Sí, le das la vuelta a la escopeta, como si hubieses estado limpiando.

ALE: Pero todo sigue lleno de polvo.

YO: Y mueve algunas cosas.

ALE: ¡Déjame! La estás liando.

YO: Ya te las arreglarás con él. ¡Sal!

RODRIGO: ¿Estás bien?

ALE: …

RODRIGO: ¿No quieres hacer la comida conmigo?

ALE: …

RODRIGO: Antes lo hacíamos juntos. Tú fregabas, yo ensuciaba. Tú cortabas las verduras, yo preparaba la carne. Antes éramos un buen equipo. ¿No dices nada? ¿Vas a seguir enfadada?

ALE: …

RODRIGO: Llevas ya dos semanas. Apenas me respondes. Es que ni siquiera me miras.

ALE: ¿Para qué?

RODRIGO: Para saber qué piensas.

ALE: Eso da igual, ¿no? Soy un impostor.

RODRIGO: Dije impostora.

ALE: Dijiste lo que ellos querían que dijeras.

RODRIGO: Dije lo que me salió. Porque yo te conocí siendo hombre.

ALE: Mejor déjalo.

RODRIGO: ¿Vas a seguir así para siempre?

ALE: No, supongo que cuando te hartes de que sea una persona no binaria me denunciarás y vendrán.

RODRIGO: No lo haré.

ALE: Tal vez sí.

RODRIGO: ¿Qué es eso?

ALE: Nada, unas cintas de cuando era pequeña.

RODRIGO: ¿Y eso es un radiocasete?

ALE: Correcto.

RODRIGO: ¿Qué tramas?

ALE: Solo quiero escuchar esta cinta.

RODRIGO: ¿*Como tu mujer,* de Rocío Dúrcal?

ALE: Sí.

RODRIGO: Ponla.

ALE: ¡No!

RODRIGO: ¿Por qué?

ALE: Quiero escucharla cuando esté sola, cuando tú no estés.

RODRIGO: Venga, ponla y bailamos un rato.

ALE: No, mejor vamos a hacer la comida, ¿no? Tienes que madrugar.

RODRIGO: ¿Ahora sí? ¿Ya nos hemos reconciliado?

ALE: …

RODRIGO: Pues no tardes.

ALE: Sí, ya voy.

RODRIGO: ¿Has abierto la habitación de mi abuelo?

ALE: Sí, quería verla de nuevo. Algo diferente. Ya sabes, aquí todo el día... ¿Quieres que corte papas? Aquí se dan muy bien, Rodri.

RODRIGO: Ale…

ALE: ¿Qué?

RODRIGO: ¿Has estado rebuscando entre sus cosas?

ALE: No, yo… ¿por qué?

RODRIGO: La escopeta está al revés.

ALE: ¿Qué?

RODRIGO: Que la escopeta está al revés, y ese libro estaba abierto por la página treintaiséis.

ALE: ¿Cómo?

RODRIGO: Has abierto el arcón, ¿verdad? Te dije que no tocaras ese arcón como si te fuera la vida en ello.

ALE: Yo solo lo limpié, Rodri. No he visto nada.

RODRIGO: ¿Por qué no me haces nunca caso? ¿Qué estabas buscando? ¿Lo has hecho para joderme? He arriesgado mi vida, Ale, ¡mi vida por ti! Me merezco un mínimo de respeto, el que le estás faltando a esta casa, a mi familia, a mi abuelo.

ALE: Yo no quería…

RODRIGO: ¿Qué viste? Dime, ¿qué viste?

ALE: Nada.

RODRIGO: Mentira. Acabas de confesar que lo abriste.

ALE: Solo había fotos.

RODRIGO: ¿Y qué más?

ALE: Cartas, solo eso.

RODRIGO: ¿Las leíste?

ALE: No, de verdad.

RODRIGO: ¡No me mientas!

ALE: ¡Suéltame! ¡Me haces daño!

RODRIGO: Y tú a mí. No toques nada de ese cuarto. No lo limpies. No lo mires. Haz como si no existiera. Tienes las huertas, el monte, toda la casa, lo que quieras para entretenerte. Te traigo libros todos los días, películas. Todo lo que quieras. Pero no vuelvas a entrar ahí.

ALE: Necesitaba una limpieza, Rodrigo.

RODRIGO: No entres nunca más.

ALE: Tú no sabes lo que es estar aquí sola varios días, y cada día son más.

RODRIGO: No vuelvas a entrar.

ALE: Pero…

RODRIGO: Aunque te vaya la vida en ello, aunque te queme el ansia y te hierva la curiosidad. No te atrevas a oler jamás los últimos alientos de mi abuelo. ¡No! ¡Nunca!

YO: ¿Por qué no? ¿Por qué no quiere Rodrigo? A veces escribo sin saber del todo los secretos de mis personajes. No sé qué desayuna Rodrigo. No sé qué le preocupaba de pequeño. Si le gusta el azul o el rojo. Si prefiere la playa o la montaña, el verano o el invierno. Si ha amado a sus parejas tanto como Ale. No sé nada de él, solo que esa habitación está prohibida.

RODRIGO: Tú nunca entiendes nada, Ale. Pero a veces las cosas duelen.

YO: ¿Y qué le duele a Rodrigo? No lo sé.

ALE: A mí me duele la soledad.

YO: ¿Y a mí? ¿Me dolería que mi abuelo fuese alguien que no debería? ¿Me dolería que mi abuelo fuese un empresario explotador?

RODRIGO: No, Ale, mi abuelo no tuvo empresas. Era agricultor.

YO: Quizá si mi abuelo envenenara a los perros del vecino…

RODRIGO: ¡Qué va! Le temía al furadán y nos prohibía entrar en el cuarto de los venenos.

YO: ¿Me dolería si fuese como yo?

RODRIGO: Deja de preguntar, Ale. No entres, no olisquees y no preguntes.

YO: Y me pregunto qué me dolería a mí, qué dolor me llevaría a escribir una obra del miedo que le tengo al futuro. Yo quiero entender el odio, ese impulso del odio que me resulta imposible comprender. Esas gavetas que nunca he abierto del armario del odio. Mi hermano me contó una vez un acto de odio que consumó mi abuelo, y me dolió pensar que él sería capaz de eso. Pero ¿y yo? ¿Sería capaz de salir corriendo detrás de un gato, como hizo mi abuelo, con un escobillón y ¡zas! partirle los sesos contra el suelo? ¿Sería capaz de asesinar a un animal por haber lamido un plato de potaje que estaba enfriándose en la mesa? Siento que soy ese potaje, cada vez más helado de miedo ante ese hombre que sale corriendo a coger su escopeta de balines para matar a los gatos. Uno, dos, tres, cuatro. Mi hermano cree que cinco, se ríe, me pide derechos de autor para incluirlo en esta obra. Y, mientras, me cuestiono si me duele que mi abuelo saliera de cacería detrás de los gatos por un potaje. ¿Sería capaz de hacerlo yo? No, me reformulo la pregunta: ¿tendré ese impulso yo? ¿Me duele pensar que ese es mi abuelo? ¿Acaso mi abuelo y ese cazador de gatos pueden ser la misma persona? Me duele, me duele tanto que necesito escribir en esta negrura. Me duele tanto como a Rodrigo el pasado de su abuelo, como a Ale la incógnita de aquella habitación. Por eso esa noche se acostaron en la cama corriendo, saltando, como los gatos de mi abuela evitando los balines de su marido, evitando la sangre. Rodrigo y Ale se acostaron con ese dolor y miedo a lo que serían capaz de hacerle uno al otro. Si mi abuelo lo hizo por un potaje, ¿qué se podría hacer por una habitación prohibida? Poco a poco se embelesaron y Ale soñó lo que había leído, lo que creía que había leído, lo que le pareció que podía haber leído en la habitación prohibida de aquel abuelo cazador de gatos.

JOSÉ: Hacía tiempo que no subías, Juan.

JUAN: Estaba esperando a que bajaras.

JOSÉ: Yo vivo aquí.

JUAN: En esta casa gedionda alejada del pueblo.

JOSÉ: Siempre te ha gustado.

JUAN: Quizá ya no tanto.

JOSÉ: Por eso se está pudriendo el guayabero, que no lo vienes a regar.

JUAN: ¿No le echas agua?

JOSÉ: Estos días sí, pensé que ya no volverías.

JUAN: Lo barajé.

JOSÉ: ¿Y hoy por qué subiste entonces?

JUAN: Porque no puedo más. Todo sigue igual: los comentarios, las miradas, los silencios. Son como escopetas suspirando antes de disparar.

JOSÉ: Te dije que te defendieras desde chico, Juan.

JUAN: Me dijiste que todo pasaría, que con veinte sería como tú. Me dijiste que eran cosas de la edad, que la gente cambia y veo cómo se repiten las estaciones. Me perjuraste que poner la luz de la iglesia evitaría todo esto, porque tenía que ser alguien para la sociedad. Y sigo siendo el mismo mientras caen las mismas hojas cada año, las parras se amarran en la misma época y la luna sigue las mismas fases.

JOSÉ: Vente a vivir aquí.

JUAN: Aquí no hay nada.

JOSÉ: Estoy yo.

JUAN: No hay nada más que silencio. Y aun así el viento traerá las risas y las burlas que nos acechan.

JOSÉ: Olvidarán que existimos y, si se atreven a decirte algo, les vuelo la cabeza.

JUAN: No hace falta que me lo digan, lo noto. Por eso está decidido: me voy.

JOSÉ: ¿Adónde?

JUAN: A la ciudad.

JOSÉ: ¿Y qué hay allí?

JUAN: Una nueva vida.

JOSÉ: ¡Sin mí!

JUAN: No, conmigo mismo, en paz.

JOSÉ: ¿Cuándo te vas?

JUAN: Mañana.

JOSÉ: ¿Y no me dijiste nada? ¡Contéstame! ¿Te vas y luego…?

JUAN: La libertad, José. No sé, quizá tú podrías dejar estos pinos que son como una muralla de miedo. Mira el hijo de Elena, él ahora es feliz y solo sufre todo esto un solo mes en verano. Vámonos juntos.

JOSÉ: ¿Allí? ¿A qué? ¿A una fábrica de mala muerte? Necesito el aire, Juan, este aire puro para respirar.

JUAN: Yo también lo necesito.

JOSÉ: ¡Quédate!

JUAN: ¿Quieres un último beso?

JOSÉ: Tienes miedo.

JUAN: ¿Qué?

JOSÉ: Que tienes miedo, coño.

JUAN: ¡Qué va! Me voy con mi tía Carmen.

JOSÉ: Te tiembla el pie.

JUAN: No te oigo.

JOSÉ: Que te tiembla el pie porque tienes miedo. No sabes qué va a pasar. No sabes si aquello va a ser mejor.

JUAN: Ni tú tampoco.

YO: Cierto, ni yo tampoco. Pero siguen cayendo las mismas hojas cada año, las parras se siguen amarrando en la misma época y la luna sigue las mismas fases. Y el tiempo pasa, y Ale vive las mismas fases de la luna. Luna nueva, cuarto creciente, luna llena, cuarto menguante. Y mira de reojo la puerta del cuarto del abuelo. La escopeta sigue al revés, como aquel día. Y siguen cayéndose las hojas y amarrándose las parras. Todo como siempre ha ocurrido. Las mismas fases de la luna se dibujan en la sonrisa de Ale, mientras Rodrigo viene menos a casa. Y cuento esto porque también se puede narrar en el teatro, y puede pasar el tiempo. Ahora podría hablar un personaje vivo con uno muerto, podría romper todas las marcas del realismo, marcarme un Hamlet, sacar brujas, un teatro bajo la arena o una huelga en un puerto con cien mil espacios. Pero también la oscuridad vuelve siempre sobre nosotros a pesar de que haya luz y nuestras sonrisas se vuelven luna nueva, cuarto creciente, luna llena, cuarto menguante. Cuando decidí el título de esta obra de teatro, estaba en Sitges. Le dije a mi novio: «No pasarán todavía esta noche». Me tropecé. Él se rio. «¿Cazarán todavía esta noche? Bueno, me gusta. Tampoco es que sepas poner mejores títulos». Comprendí que escribir es un ejercicio a veces azaroso, que te encuentra y se descubre sobre las palabras como un velo que se va cayendo y nos deja solos ante la oscuridad blanca de la página. No es un buen título, sin duda, porque suena a melodrama de los años cincuenta. Pero encierra ese tropiezo continuo con el fascismo y el odio. Escribir a veces es sumergirse en nuestros fascismos y nuestros odios. Y justo una semana después, con la aún reciente muerte de Samuel, un maricón más que podemos matar en una fiesta cualquiera, unos adolescentes comenzaron a reírse mientras estaba volviendo de Vilanova i la Geltrú a Barna, en un recorrido nuevo, inexplorado, donde yo era la extranjera geográfica y de género. Y esos adolescentes, que deberían ser flores de un nuevo camino, comenzaron a lamentarse porque quizá sus hijos fuesen maricones o bollos o trans y tendrían que echarlos de casa o pegarles un guantazo o lanzarlos desde un quinto piso. Pero nosotras, aunque tengamos plumas, no somos perdices y, a pesar de que nos lancen a los barrancos, no volamos. Y, en ese momento, mientras me miraban y se reían, yo hubiese querido ser águila real para volar cerca del sol, de la luz, del abrazo. Pero bajé la cabeza, otra vez, como una perdiz, porque estaba sola en un camino inexplorado, en un cuerpo incomprendido. Hubiese querido volver a tropezarme en Sitges, pensaba. Y, sin embargo, me habría tropezado con la realidad de la escritura, desvelada ahora delante de mí. Justo ahí: delante: sobre: dentro de mí. Escribir es un ejercicio de abismo donde solo podemos ser perdices en la oscuridad.

RODRIGO: No te preocupes, Ale. La ciudad también sufre estos cortes cada vez más.

ALE: ¿No es por la instalación de la casa?

RODRIGO: No.

ALE: ¿Por qué no me lo habías dicho?

RODRIGO: No te quería preocupar.

ALE: Tú eres los únicos ojos que me quedan del exterior.

RODRIGO: Da igual.

ALE: No da igual. Me habías dicho que se habían acabado los horarios de la luz, que estaba todo mejorando.

RODRIGO: Eso dijeron.

ALE: ¿Y luego? ¿Cuándo cambió?

RODRIGO: El mundo que hay ahí fuera ya no es el que tú conociste.

ALE: ¿Qué has visto?

RODRIGO: Nada.

ALE: Para no haber visto nada cada vez estás más apagado. Antes titilabas, como la luz antes de irse. Antes se te empezaban a fundir los labios, como si fueran los plomos. ¡Cómo no me di cuenta! ¿Qué te han hecho?

RODRIGO: Nada, Ale. Tranquilízate. Ya está. Vivimos en otro mundo y aquí no te va a pasar nada.

ALE: ¿Y fuera? ¿Qué pasa si algún día me pillan fuera? Cuando salga a recoger los guayabos, a regar las plantas, a respirar. ¿Qué pasaría?

RODRIGO: Eso no va a pasar.

ALE: ¿Y si pasa?

RODRIGO: Entonces estás perdida, Ale. No puede ocurrir nunca. Ten cuidado.

ALE: ¿Y si te siguen hasta aquí?

RODRIGO: ¿Quién?

ALE: Las manadas.

RODRIGO: ¡Lo sabes!

ALE: ¿El qué?

RODRIGO: ¿Cómo lo sabes?

ALE: ¿Que hay gente organizada matando a gente? Bueno, ya las había antes, poco a poco fueron más.

RODRIGO: No, Ale, sabes a qué me refiero.

ALE: No.

RODRIGO: Sí, a los escuadrones del gobierno.

ALE: ¿Ahora son oficiales?

RODRIGO: No me mientas.

ALE: ¿Qué está pasando, Rodrigo? ¿Por qué no me cuentas todo lo que están haciendo? ¿Por qué nos quitan la luz? ¿Por qué traes cada vez menos agua?

RODRIGO: ¡Calla! ¡Baja la voz!

ALE: ¿Por qué no me lo quieres contar?

RODRIGO: Ale, escóndete.

ALE: ¿Qué?

RODRIGO: Donde sea. Corre. Ahí: en el cuarto del abuelo.

YO: ¡Buenas noches, Rodrigo!

RODRIGO: ¡Buenas noches!

YO: Estoy aquí para hacer tiempo, para llenar páginas en blanco de verborrea.

RODRIGO: ¿Y por qué?

YO: Porque necesito que algo te retenga aquí, conmigo, mientras Ale descubre algo fundamental, crucial para esta obra.

RODRIGO: ¿Y yo qué hago?

YO: Tú estás hablando con un agente y estás preocupado porque pueden descubrir a Ale y, entonces, te descubrirían a ti. Por eso tienes que aparentar una absoluta tranquilidad, aunque dentro sientas un miedo terrible.

RODRIGO: Vale.

YO: ¿Te da igual?

RODRIGO: No, claro que no, pero tú mandas.

YO: ¿Y ya está?

RODRIGO: Sí, ya está.

YO: ¿No piensas protestar?

RODRIGO: ¿Para qué? Si es tu obra, imagino que no me queda de otra.

YO: Puedes sentarte si quieres. A esperar, digo.

RODRIGO: Muchas gracias.

YO: ¿Quieres saber qué está haciendo Ale?

RODRIGO: No sé. Bueno, sí.

YO: Rodrigo, cuando termine esta escena, no lo recordarás, volverás a la preocupación que tenías y sentirás un reconfortante alivio al saber que no te han descubierto. Ni a ti ni a Ale. Mientras, Ale está leyendo las cartas de tu abuelo con avidez, probando la manzana del árbol de la ciencia. Saborea el pecado por el fruto prohibido, aunque sus ojos empiezan a abrirse con un ardor de fe porque poco a poco llevará muy en pie la llama.

RODRIGO: ¡No, eso no! ¡Dejen a mi abuelo en paz! ¡Que no lo lea! ¡Déjame salir de aquí! ¿Por qué no puedo?

YO: Porque estás hablando con un agente o un *deus ex machina*.

RODRIGO: ¿Qué dices?

YO: Soy un recurso teatral que ya se empleaba en la tragedia griega, ¿sabes?

RODRIGO: ¿Qué?

YO: Nada, eso, que salía un dios gracias a la maquinaria teatral y resolvía todo. Como por arte de birlibirloque, sin coherencia lógica de la obra.

RODRIGO: ¡Déjame salir de aquí! No puedes hacernos esto.

YO: ¿Hacernos o hacerte?

RODRIGO: ¡Qué más da! ¡Déjame detenerla!

YO: Si te escapas, no tendré otra opción que decirle al agente de policía que los detenga, Rodrigo. Tú sabes lo que está pasando en la ciudad, cómo las manadas corren sueltas guiadas por su olfato de odio y huelen el miedo de las personas como tú. Has visto cómo entran en las casas con total impunidad, con las fauces babeantes, con la muerte en la mirada. Quizá estoy siendo excesiva en la descripción de mi apocalipsis, ¿tú que crees?

RODRIGO: ¿Por qué disfrutas con mi dolor?

YO: Porque esta es mi obra distópicoqueer. O me ayudas a escribirla o te quedas ahí calladito esperando. A menos que quieras delataros a Ale y a ti, por supuesto.

RODRIGO: Continúa.

YO: Pues ahora mismo está cogiendo la carta que quieres ocultar.

RODRIGO: ¡No me lo cuentes! ¡Para!

YO: Ale se va agarrando al arcón con un dolor profundo de trinchera y piensa en que todo es mentira.

RODRIGO: Lo es, lo es.

YO: Ale sabe que no, que es verdad, que es terriblemente posible, pero piensa en el amor, en un momento de amor que pueda salvar la vergüenza de tu abuelo, en una infinita migaja de ficción que pueda mantenerlo a salvo, intacto, pulcro como el recuerdo infantil que guardas de él. Todas podemos redimirnos, piensa. Pero la posibilidad terrible se va agrietando como un barranco en una isla a punto de partirse en dos y Ale cae al abismo y espera esta vez no ser una perdiz, sino más bien un gato que se le escapó a mi abuelo para poder caer de pie, a cuatro patas, sobre la miseria que ocultas en esta casa.

JOSÉ: ¿Ya estás otra vez aquí, Juan?

JUAN: ¡Déjame!

JOSÉ: ¿Qué fue esta vez?

JUAN: Da igual, lo de siempre.

JOSÉ: ¿Y tú no les dices nada?

JUAN: Sí les digo, e intento que no se me mueva el pie. Los miré igual que tú cuando miras un corzo justo antes de apretar el gatillo y…

JOSÉ: Y te huelen el miedo. Las presas se escapan si les llega tu olor. Te tienes que poner contra el viento.

JUAN: No, José, el problema es que yo soy la presa. Y da igual el viento y las miradas y todo porque siempre que están todos juntos se vuelven contra mí y me insultan o me dejan jugar un rato al balón para reírse. Y luego me tiran piedras o me persiguen gritando Juana la loca. Tú no lo entiendes, José.

JOSÉ: ¿Por qué?

JUAN: Porque tú eres fuerte y te respetan. Tú sabes cazar bien, a tiro limpio. No destrozas las piezas y ellos han aprendido todo de ti.

JOSÉ: ¿Y tú?

JUAN: ¿Yo qué?

JOSÉ: ¿No has aprendido nada de mí?

JUAN: Nada.

JOSÉ: ¿Ni un fisco?

JUAN: Quizá un fisquito sí.

JOSÉ: ¿El qué?

JUAN: A utilizar mis recursos. Como las perdices y los conejos, corro más que ellos y puedo esconderme en cualquier sitio.

JOSÉ: Pero a veces te encuentran.

JUAN: Sí, por eso deberías venir conmigo al pueblo. Aunque sea una vez sola. Que nos vean hablando.

JOSÉ: ¿No te gusta que nos veamos aquí? Los pinos valoran mejor nuestra amistad.

JUAN: Tú no eres mi amigo. Si lo fueras, te dejarías ver delante de esos cazadores.

JOSÉ: Se reirían más si vas con un mayor, Juan.

JUAN: Son solo cinco años.

JOSÉ: Tienes que aprender a defenderte solo.

JUAN: Ves, te da igual. Y algún día atinarán con una piedra de esas y me llorarás.

JOSÉ: No exageres, hombre.

JUAN: O me caeré por algún barranco. Ya verás.

JOSÉ: No ves que ellos se cansan antes de subir aquí. Por aquí no pasa nunca nadie.

JUAN: Solo tú. Y porque creen que estás cazando todo el día y tienen miedo de que les llegue algún perdigón. A ellos no les gusta la caza si no es en grupo, con hurones y galgos.

JOSÉ: A mí me gusta ir solo. Escuchar el silencio, sentir cómo la presa respira mientras me observa, apuntar despacio…

JUAN: ¿Qué haces, José? Ten cuidado que las armas las carga el diablo.

JOSÉ: …tomar aire y…

JUAN: ¡Bájala!

JOSÉ: …apretar el gatillo.

JUAN: ¡¡¡No!!!

JOSÉ: ¡Qué tonto eres!

JUAN: Algún día matarás a alguien así.

JOSÉ: Anda, ya sabes que no me gusta llevarla cargada. Mira el hijo de Elena que se pegó un tiro en el pie.

JUAN: Podía haber sido yo perfectamente.

JOSÉ: Lo sé, por eso no te dejo tocar la escopeta.

JUAN: Si me dejaras, iba allá abajo y verías la carnicería. No tendrían canteros donde correr.

JOSÉ: No deberías ser como ellos.

JUAN: ¿Y qué hago?

JOSÉ: Asustarlos. Como hice yo.

JUAN: Para ti es fácil que desde chico te llaman el Cazador.

JOSÉ: Y nadie me dice nada.

JUAN: Nadie te conoce de verdad.

JOSÉ: Tú sí.

JUAN: Ya, bueno, pero…

JOSÉ: Pero las debilidades solo se las podemos mostrar a quienes nos cuidan.

JUAN: ¿Yo te cuido?

JOSÉ: Desde hace años ya.

JUAN: Será al revés. Llevas consolándome desde que subo aquí.

JOSÉ: Y tú me acompañas desde entonces.

JUAN: ¿Tú crees que me dejarán en paz pronto?

JOSÉ: Seguro que sí.

JUAN: Cuando cumpla veinte como tú, ¿irás conmigo por el pueblo?

JOSÉ: Puede ser.

JUAN: ¿Por qué dudas?

JOSÉ: Porque las cosas no son tan fáciles, Juan.

JUAN: No lo entiendo.

JOSÉ: ¿Tú ves a otros amigos abrazarse en el pueblo?

JUAN: No, porque no se quieren.

JOSÉ: Déjalo.

JUAN: Ahora eres tú el que tiene miedo. Lo huelo.

JOSÉ: Todos tenemos miedo de algo.

JUAN: Yo no.

JOSÉ: Mentiroso.

JUAN: Mírame, estoy aquí en el monte con el cazador del pueblo, el solitario hombre de la cumbre. Todos allá bajo creen que eres un asesino o algo así.

JOSÉ: Tal vez lo sea.

JUAN: ¿Ah, sí?

JOSÉ: ¿Por qué me abrazas?

JUAN: Porque si fueses un asesino, ya estaría muerto.

ALE: ¿Quién era?

RODRIGO: Un agente.

ALE: ¿De las manadas?

RODRIGO: ¡No, Ale, no!

ALE: Entonces, ¿quién era?

RODRIGO: Una visita rutinaria.

ALE: ¿A ti? ¿Por qué iban a sospechar de un simple funcionario? ¿Te han seguido? ¿Me han visto paseando?

RODRIGO: No salgas, Ale. No sabemos si pueden volver.

ALE: ¿Nunca?

RODRIGO: Nunca. Ahora esta casa es todo lo que tienes.

ALE: Y a ti.

RODRIGO: A mí, siempre, Ale.

YO: Tengo dudas de usar el adverbio 'siempre'. Tiene una capacidad de duración superior a lo que somos capaces de pensar y de vivir. 'Siempre' no contempla la adversidad, los fallos, las decepciones, los cambios, y a veces la tierra se va inflando y se va agrietando a punto de desbordarse. De chica tenía miedo de que explotara el Teide porque todo cambiaría, porque arrasaría todas las islas, porque los volcanes están todos unidos y brotarían de repente. Aun así, para una niña no binaria que aún no lo sabía, la única escapatoria era huir a La Gomera, aunque allí terminaría por brotar también algún volcán que nos llevaría todo, incluso la seguridad que me ofreció la infancia. Y es que, a pesar de los terremotos y de la tierra que se infla, a pesar de todos los indicios, siempre termina explotando ese miedo. ¿Siempre? Y por eso escribo esta obra, porque los indicios de odio están ahí hurgando la tierra, mordiéndola a fisquitos, rasgándola a bocados. Y erupciona y se lleva todo por delante, hasta las convicciones más férreas. ¿Sería capaz yo de albergar tanto odio dentro para…?

JUAN: ¿Me llamabas?

YO: No, este era mi soliloquio. Te puedes ir.

JUAN: ¿Puedo seguir escuchando?

YO: Vale, pero no hagas ruido. ¿Sería capaz yo de albergar tanto odio?/

JUAN: ¿Seguro que quieres decir odio?

YO: Sí, lo que tú hiciste fue odio.

JUAN: No sé qué es lo que he hecho.

YO: Ya lo verás.

JUAN: ¿Y estás convencido de que es odio?

YO: Sí, odio. Y me tratas en femenino, que te veo venir.

JUAN: ¡Ah, vale, perdón! No lo sabía.

YO: Pues preguntas.

JUAN: Si es que no me ha dado tiempo ni a rechistar.

YO: Pues, venga, tú ahí calladito y sentadito, Juan. Si te aburres, ponte a pintar. ¿Sería capaz yo de albergar tanto odio?/

JUAN: A mí me resulta un poco prepotente y categórico usar odio. No sé.

YO: ¿Vas a seguir haciendo notitas al pie?

JUAN: Me dijeron que necesitabas ayuda con tu obra.

YO: A ver, querido, no sé si la palabra exacta es odio, pero creo que hay que acumular demasiado magma dentro como para hacer cosas atroces.

JUAN: ¿Tú nunca has hecho nada reprochable?

YO: Supongo.

JUAN: ¿Cómo qué?

YO: Maté a cuatro cachorritos.

JUAN: ¿Por odio?

YO: Solo quería que nadaran.

JUAN: ¿Entonces? No tuviste que albergar nada, ni siquiera un poco de odio. Era todo ingenuidad.

YO: Pero los maté.

JUAN: ¿Y eso te convierte en asesina?

YO: Tal vez. Sí, tal vez sea como ellos y salga de caza.

JUAN: Tal vez no.

YO: ¿Por eso viniste aquí?

JUAN: ¿Aquí dónde?

YO: A la casa donde hoy se encierran Ale y Rodrigo.

JUAN: Era el único sitio donde conservaba recuerdos alegres.

YO: Quizá poco a poco se borren esos recuerdos.

RODRIGO: Ale, ¿dónde estás? ¿Dónde? Ven aquí, joder.

ALE: ¿Por qué gritas?

JUAN: Siguen allí, prendidos de las hojas del guayabero.

YO: Me gusta la metáfora, Juan, pero ni los grandes actos de amor pueden sostener tanto odio.

RODRIGO: Has entrado, ¿verdad? Has entrado. Te prohibí que pusieras un pie sobre la memoria de mi abuelo. Has leído las cartas, joder.

ALE: ¿Yo? ¿Qué dices? Rodri, mi amor, tranquilízate. No te veo hace semanas y…

RODRIGO: La has cagado, Ale. La has fastidiado con tu obsesión por estropearlo todo, por convertir todo en una lucha. Nadie te necesita, Ale. Nadie necesita que conviertas sus mierdas de historias en aventuras heroicas contra el sistema. Ahora te están buscando. Nos están buscando. Saben que era un paracaidista de la octava compañía de la República. Acabarán sabiendo que era mi abuelo, y vendrán. Y tocarán esa puerta, Ale, con unas ansias locas de llevarte por delante.

ALE: ¿Quiénes, Rodrigo? ¿Qué dices? Yo no tengo nada que ver.

RODRIGO: ¡No me mientas más! ¡Deja de hacerte el tonto!

ALE: ¡La tonta!

RODRIGO: No me toques los huevos, joder. Que nos están buscando.

ALE: No son tan listos para saber que esa carta ha salido de aquí.

RODRIGO: ¿Desde cuándo lo sabes?

ALE: ¿El qué?

RODRIGO: Todo, Ale, todo. ¿Desde cuándo te acuestas a mi lado sabiendo todo esto?

ALE: No lo sé. Hace mucho, Rodri. Pero da igual. Tenemos que resistir, que darles por culo.

RODRIGO: No, joder, no son tontos. Tienen muchos datos, y aparecerán aquí en cualquier momento. Ellos nunca han sido idiotas, Ale. No subestimes a los que tienen las armas, a los que tienen el poder de matarte con una simple sonrisa. Te creía más inteligente que ellos. ¿Desde cuándo sabes todo esto? ¿Desde cuándo has estado en contacto con el exterior? Dime. Necesito saberlo. Ahora soy yo quien te queda. Dímelo.

ALE: Desde hace más de dos años.

RODRIGO: ¿Cómo?

ALE: Mis amigas sabían que venía aquí.

RODRIGO: ¿Y han venido?

ALE: No.

RODRIGO: ¿Y cómo te comunicabas con ellos?

ALE: Se fueron organizando hasta dar conmigo. ¡Un viejo del pueblo viene a veces! Él conoció a tu abuelo y lo sabía todo.

RODRIGO: ¿Quién?

ALE: Me dijo que era el hijo de Elena, que vivieron juntos en la ciudad.

RODRIGO: Pero... ¿cómo has podido filtrar todo esto?

ALE: Dejaban una cinta entre las malas hierbas, al pie del guayabero. Yo venía corriendo y las escuchaba en la radio. Las tenía aquí, cerca, conmigo, como si me susurraran al oído. Me daban abrazos con sus historias y me hacían reír de nuevo. Me han contado todo. Cómo tuvieron que esconderse y cómo algunos se hacen pasar por personas dignas, como ellos dicen, para ganar dinero. Cómo se alimentan en la clandestinidad unos a otros, y se abrazan con las pocas esperanzas que les quedan. Como tú y como yo cada noche, cada segundo que nos quedamos a oscuras porque nos cortan la luz. Y no puedo estar quieta aquí esperando a que algo suceda. No puedo seguir dormida como una crisálida. Yo necesito volver a las calles y escupirles a la cara.

RODRIGO: No sabes lo que dices.

ALE: Sí, porque tú te achantas porque tienes miedo, porque estás muy cómodo.

RODRIGO: Tú no tienes ni idea.

ALE: Yo nunca tengo ni idea. Yo no soy listo, ¿no? Soy un impostor. Tú tienes miedo hasta de quererme como soy. Te han inyectado poco a poco el miedo, Rodrigo. Te has ido llenando de amores secos que no te dejan respirar, que enraízan en tu esperanza. Y yo lo noto y me he callado.

RODRIGO: ¡Basta ya, Ale! No sabes contra quién te enfrentas.

ALE: No tengo miedo a las manadas de asesinos, a los dientes que piden carroña marica, a los cuchillos de odio que acaban con los indigentes, con las que no sirven para nada.

RODRIGO: ¡Tú no conoces el nuevo mundo! Ahora no hay impunidad. Nadie te va a tener pena. No tienes adónde huir. Tenemos que sufrir, tenemos que ayudarnos, Ale. Como tus amigas, unos en casa y otros fuera, absorbiendo la tierra empantanada.

ALE: No, ellas solo sobreviven y tienen miedo y quieren que todo acabe cuanto antes.

RODRIGO: Así no van a llegar a ninguna parte. Poco a poco ellos nos encontrarán y harán con ustedes lo que hacen con todos: torturarlos.

ALE: Pues ahora les toca a ellos escucharnos, escuchar cómo seguimos aquí, cómo resistimos y cantamos, cómo hemos logrado filtrar una canción infantil que todos murmuran.

YO: Madre, anoche en las trincheras
entre el fuego y la metralla
vi al enemigo correr.
La noche estaba cerrada.

RODRIGO: Están persiguiendo a esos inocentes que la cantan, Ale. Es una masacre.

ALE: Si los matan a todos, tendrán que trabajar ellos. Esta vez vamos a vencer.

RODRIGO: ¡Estás matando gente con tu dichosa canción!

YO: Apunté con mi fusil
al tiempo que disparaba.

ALE: ¿Y qué más te da? Ellos serán nuestros mártires. Quédate esperando solo a que el mundo cambie.

RODRIGO: Una canción de maricones no va a arreglar nada.

ALE: A todo el mundo le conmueve el amor. ¿Tú serías capaz de hacer lo que hizo tu abuelo? ¿Serías capaz? Tan fríamente, por tu vida. Todos esos que vienen a matarnos esta noche son como tu abuelo: unos cobardes.

YO: Y una luz iluminó
el rostro que yo mataba.

JUAN: Sí, ahí están ya. Los siento tan cerca, los puedo ver a mis pies.

YO: ¡Juan!

JUAN: Los oigo surcando la trinchera como lombrices, como potros.

YO: ¡Juan!

JUAN: Ya están aquí, dentro de esa oscuridad negra.

YO: ¡Juan!

JUAN: ¿Quién eres tú?

YO: Soy yo.

JUAN: ¿Yo?

YO: Quien te escribe.

JUAN: Vienes a matarme, a arrancarme los dientes como cuando el mar reclama lo que es suyo.

YO: No, Juan, quiero entenderte.

JUAN: ¿Qué?

YO: Estamos aquí en la trinchera, a doce horas de que escribas una carta a tu madre.

JUAN: ¿Una carta? ¿A mi madre?

YO: Sí, Juan, hoy vas a hacer algo atroz.

JUAN: ¿Me van a matar? ¿Me vas a matar? Haré lo que sea, por favor.

YO: Tranquilízate.

JUAN: Eres como las bombas reventando a los niños chispas, como los fusiles atravesando a las mujeres dianas, como este silencio de muerte. ¡Déjame, déjenme tú y la guerra! No quiero enraizar en esta trinchera. No quiero disparar, no quiero apuntar.

YO: ¡No lo hagas!

JUAN: ¿Qué?

YO: No lo hagas. Puedes evitarlo, Juan. Tú no te has entrenado con dianas humanizadas, con estrategias bélicas que te alejan de esos cuerpos que estallan.

JUAN: No te entiendo. ¿Qué quieres?

YO: Salvarte, Juan, de este secreto horroroso. Tú puedes evitarlo.

JUAN: Tengo que sobrevivir. O ellos o yo.

YO: ¡Hazme caso, Juan! Mi hermano me ha pasado un artículo mientras escribía esta obra y parece fiable.

JUAN: ¿Qué? Eres como esas voces que llevan meses conmigo en esta trinchera. Déjame. ¡Vete!

YO: No, es verdad. Las personas somos objetoras de conciencia cuando apuntamos. La mayoría de personas, que no estamos entrenadas para matar, erraríamos el tiro durante la guerra. Apenas un 20% acierta el tiro y a veces son balas perdidas, Juan. Sería un error casi inconsciente, sutil, nimio. Somos buenos, Juan. Las personas somos buenas por naturaleza. ¡No disparamos a consciencia!

JOSÉ: ¿Juan?

JUAN: …

YO: Tú no has sido entrenado para jugar a las trincheras.

JOSÉ: ¿Eres tú, Juan?

JUAN: …

JOSÉ: ¿Por qué dejaste que te mandaran a este frente? Sabías que yo estaría aquí.

JUAN: …

JOSÉ: Te tiembla el pie, como siempre.

JUAN: …

JOSÉ: ¿Me tienes miedo?

JUAN: …

JOSÉ: Dime, ¿a qué le tienes miedo?

JUAN: A mí, a arrancar nuestro guayabero.

JOSÉ: Deja la broma. ¿La tienes cargada?

JUAN: Sí.

JOSÉ: …

JUAN: Ya aprendí a defenderme, José. Ahora soy yo quien sale de cacería. Levanta el fusil.

JOSÉ: …

JUAN: ¡Hazlo! ¡Tenemos que hacerlo!

JOSÉ: …

JUAN: ¡Tú o yo!

JOSÉ: …

JUAN: ¡Levántalo!

JOSÉ: Dispara.

JUAN: No puedo.

JOSÉ: Que sea limpio y directo al corazón, así no sufriré.

JUAN: …

JOSÉ: ¡Apúntame! Corre, delata nuestra posición y así se acabará pronto esta guerra.

JUAN: José…

JOSE: Date prisa. Sé tú el primero por una vez.

JUAN: Yo… te quiero.

Un disparo.

JOSÉ: ….

YO: Lo siento.

JOSÉ: ¿Por?

YO: No he podido ayudarte. Lo he intentado con todas mis fuerzas, pero…

JOSÉ: ¿El qué?

YO: Salvarte de alguna manera, evitar que te matara el odio de las manadas, pero la historia ha reventado como un volcán. ¿Sabes? Pensé que quizá con el artículo que me envió mi hermano sobre la objeción de conciencia en la guerra Juan entendería que podía… evitar todo esto.

JOSÉ: No pasa nada.

YO: Sí, quizá si volvemos a empezar, podría reescribirlo todo y cambiarlo. Podría probar con otra cosa. Tal vez podría ponerme yo delante del fusil. Juan no mataría a su creadora, ¿no? O podría también exiliarse. Sí, así nos evitamos males mayores.

Venga vale. Empezamos de nuevo, desde arriba: «Todo empieza cuando se va la luz». Venga, Juan. Te toca. Juan, tu línea. ¿Te la digo? «¿Se ha ido la luz?». Es fácil, Juan.

JOSÉ: No te preocupes. Ya estamos aquí.

YO: Quizás podría repetir alguna escena. O podrías convencer a Juan de que se quedara contigo. Si bajaras al pueblo y ahuyentaras a todos los cabrones que le lanzaban piedras.

JOSÉ: No pasa nada. ¡Tranquila!

YO: ¿Tran… quila? Gracias.

JOSÉ: ¿Por?

YO: Por el femenino. No suelen tratarme así.

JOSÉ: ¿Así cómo?

YO: Como yo quiero. José, venga, si bajas al pueblo, podrías salvarte.

JOSÉ: Está bien así.

YO: Pero yo quería salvarte, necesitaba salvarte.

JOSÉ: ¿De quién?

YO: Del miedo, de la ignorancia, del odio.

JOSÉ: ¿De ti?

YO: No, del mundo. De ellos.

JOSÉ: Ellos están aquí, entre el público, entre las líneas, dentro de ti.

YO: ¡Yo no haría eso!

JOSÉ: Quizá haya un gato que lama tu potaje, un conejo que salte en el momento preciso o una rabia que erupcione como un volcán. A veces de manera inconsciente y tierna, a veces conscientemente y sin piedad. Somos así y hemos llegado hasta aquí.

YO: Lo voy a reescribir. La gente necesita esperanza, fuerza, una razón para continuar.

JOSÉ: Tal vez lo necesites tú. Ellos no te lo están pidiendo.

YO: Lo tengo claro. ¿Cómo voy a decirles esto? ¿Cómo voy a transmitir esa sensación de pesimismo?

JOSÉ: ¿Y por qué no?

YO: Porque me duele pensar que esto lo haría mi abuelo, mi madre, mi hermano, que lo haría yo, o lo haría alguno de ellos. O la persona que guarda lo que sueño. No puedo salir del teatro pensando que me van a dar una paliza, que me van a insultar en el supermercado, que tal vez vuelva a coger el tren de Vilanova i la Geltrú y esos adolescentes deseen matar a sus posibles, futuribles y desgraciados hijos que son como yo, que soy yo. No podemos decirles esto.

JOSÉ: Así somos. Ya está. Como un coto de caza al que entramos al acecho, viendo de dónde procede la brisa, acompañados de miles de galgos y hurones.

YO: ¿Crees que volverán en cualquier momento?

JOSÉ: Sí, cazarán todavía esta noche, y todas las noches, hasta que muera la última persona con odio.

YO: No quiero seguir escribiendo. Yo quería otra respuesta, otra resolución, un poco de cursilería, algo bonito. Así no. No puedo seguir escribiendo.

JOSÉ: Quizá no estabas preparada para la respuesta, pero el odio es como un volcán en la noche eterna. ¿Por qué no bailas?

YO: Ojalá supiera. Bueno, en el instituto me aprendí *Single Ladies*, de Beyoncé, pero pega algo más danza contemporánea, soltando el cuerpo, con movimientos disonantes, estirando mucho, improvisando...

JOSÉ: Bueno... ¿y cantar?

YO: Tampoco.

JOSÉ: A nadie se le puede prohibir cantar, aunque lo haga mal. Quizá así yo pueda sobrevivir.

YO: ¿Con una canción?

JOSÉ: Claro.

YO: ¿Y cómo hago eso?

> *JOSÉ comienza a cantar "Madre anoche en las trincheras", quizá en la versión de La Oreja de Van Gogh, y YO lo acompaña.*

ALE: ¿Han descubierto que era tu abuelo?

RODRIGO: Saben que él estuvo allí. Quieren volver mañana para registrar la casa, para saber qué podía conocer mi abuelo como comandante de la compañía.

ALE: ¿Y no han sospechado de ti?

RODRIGO: No, Ale, no. Mi abuelo hizo méritos para que no lo vieran como un traidor, para que le perdonaran la vida tras la guerra y logró sacar una familia adelante. Y desapareció.

ALE: Tu abuelo supo coger el camino fácil.

RODRIGO: En la guerra, Ale, no hay caminos fáciles. Sal tú ahí a matar a otras personas, a inocentes. Ni el exilio ni la adaptación al nuevo sistema son caminos fáciles. No para quienes saben que están dejando atrás la lucha.

ALE: Bueno, ¿qué hacemos?

RODRIGO: Hay que quemar las cartas.

ALE: Ni muerta.

RODRIGO: Es lo más fácil. Venga, rápido.

ALE: Las escondemos.

RODRIGO: ¿Dónde?

ALE: ¡No! Las enterramos entre las raíces del guayabero.

RODRIGO: Son muchas.

ALE: Las más importantes. Las que han originado esta lucha. Alguien las encontrará algún día, como las encontré yo y serán el testimonio de la resistencia.

RODRIGO: Hay que quemarlas. Esas cartas no pueden seguir originando más muertes.

ALE: Son solo cartas de amor.

RODRIGO: Ese amor está ahora prohibido.

ALE: ¿Dónde está la guataca?

RODRIGO: Las vamos a quemar y punto.

ALE: ¡Rodrigo!

RODRIGO: Mi abuelo no quiso que nadie supiera nada y deben permanecer en el infierno del que él nunca salió.

ALE: No puedes hacer eso.

RODRIGO: Sí, son mías. Son mi memoria y hago con ellas lo que quiera.

ALE: Ahora es de todas. Ahora también es mi memoria.

RODRIGO: ¡Aparta! Déjame pasar.

ALE: ¡Sobre mi cadáver!

RODRIGO: Quítate. Ya has originado demasiado mal a esta casa.

ALE: No, le he dado la oportunidad de redención a tu abuelo. Ahora, gracias a él, la gente grita.

RODRIGO: Porque tienen miedo.

ALE: Porque no quieren ser como él.

RODRIGO: Para ti siempre es fácil porque no has tenido que lidiar día a día con este nuevo mundo, porque te he protegido.

ALE: No, porque nos hemos cuidado, porque estamos juntos. Venga, vamos a enterrarlas.

RODRIGO: ¡No! Se acabó. ¡Calla! Están fuera, los noto olisqueando a sus presas. Estaríamos mejor si no las hubieses leído. Si no hubiese abierto esa puerta.

ALE: Tarde o temprano las hubiese encontrado. Rodrigo, por favor, si tu abuelo hubiese querido las hubiese quemado, las hubiese triturado como trituró a José a tiros. Hubiese quemado el guayabero que plantaron. Hubiese quemado esta casa.

RODRIGO: ¿Qué dices? Esta casa era de su familia.

ALE: Lo sé todo. También encontré el testamento de José. Todo esto era de él, Rodrigo, y tu abuelo lo mantuvo como el primer día, exactamente igual, porque el recuerdo podría difuminar el miedo, porque el amor podría ayudarlo a olvidar cómo cogió el fusil con sangre fría y lo mató. ¡Lo mató! ¿Por qué lloras?

RODRIGO: Porque te voy a dar la oportunidad de quitarte o...

ALE: ¡Baja la escopeta!

RODRIGO: ¡No! Coge esas putas cartas y quémalas antes de que entren.

ALE: Tú estás con ellos. ¡Estás con ellos!

RODRIGO: Hazlo o... o te entrego.

ALE: Aúlla como un perro. ¡Aúlla, cobarde! Llama a tu manada, a esa panda de asesinos, que entren a cazarme. ¡Que entren que aún huele a sangre! ¡Que vengan antes de que las carnes se me pongan rígidas! ¡Llámalos con tus ladridos de caniche miedoso! ¿Vas a seguir tú también el mismo camino que tu abuelo? ¡Dispara, cobarde!

JOSÉ: Que sea limpio y directo al corazón, así no sufriré.

ALE: Lo sé todo, Rodrigo. Mis amigas te han espiado y te han visto entrar en las casas de otras compañeras como yo. Tú ibas con las manadas saboreando nuestra carne cruda. Por eso, tus heridas, tus músculos cansados, tu tristeza de guayabero triste.

YO: Tu odio a punto de erupcionar.

JOSÉ: ¡Apúntame!

RODRIGO: Ale…

ALE: Nómbrame para que me recuerden, asesino.

JOSÉ: Corre, delata nuestra posición y así se acabará pronto esta guerra.

JUAN: José…

ALE: Nómbrame para sobrevivir al silencio.

YO: La página en blanco se vuelve una trinchera oscura…

JOSÉ: Date prisa. Sé tú el primero por una vez.

YO: …y voy dibujando un punto y final que agrieta el papel...

RODRIGO: Escóndete de esta cacería sin fin.

YO: …como una bala rasgando las carnes de una presa.

JOSÉ aprieta el gatillo de JUAN.